Ursula Stichmann-Marny

Ravensburger® Hobbykurse

Neuer Osterschmuck

aus Naturmaterialien

Otto Maier Ravensburg

CIP-Titelaufnahme der Deutschen Bibliothek

Stichmann-Marny, Ursula:
Neuer Osterschmuck aus Naturmaterialien/
Ursula Stichmann-Marny. –
Ravensburg: Maier, 1989.
(Ravensburger Hobbykurse)
ISBN 3-473-45694-2

Den Mitwirkenden der Osterausstellungen in Möhnesee-Körbecke gewidmet

Umschlaggestaltung: Ekkehard Drechsel
Fotos: Klaus Stoll, Arnsberg; Norbert Zapler, Bergkamen-Oberaden (Seiten 7, 8, 9, 22, 23)
Zeichnung: Ekkehard Drechsel
Satz: E. Weishaupt, Meckenbeuren
Gesamtherstellung: Himmer, Augsburg
Printed in Germany

92 91 90 89 4 3 2 1

ISBN 3-473-45694-2

Inhalt

Das Birkenbäumchen ist mit bunten Lackeiern und rot-weißen Bändern geschmückt.

Osterzeit – Frühlingserwachen

Auch heute noch – wie eh und je – sehnen die Menschen das Ende des Winters herbei. Freudig begrüßen sie die ersten milden Sonnenstrahlen und das neue Leben, das überall erwacht: Huflattich am Wegesrand; der zunächst noch verhaltene Gelbton blühender Kornelkirschen und etwas später die überschwengliche Blütenfülle der Forsythie; Krokusse, frühe Tulpen und Narzissen im Gartenbeet, sie alle zusammen finden mehr Beachtung als das ganze Heer der Sommerblumen, das sich uns später darbietet.
Viele von uns drängt es jetzt hinaus in Gärten und Parks, in Wald und Feld, um das Erwachen der Natur möglichst nah zu erleben. In diese erwartungsfrohe Zeit fällt das Osterfest.
Altes Brauchtum, Erinnerungen an die Kinderzeit, der Wunsch, mit Naturmaterialien zu Werken und zu Gestalten gesellen sich zur Vorfreude auf das Osterfest.
Das Verzieren und Verschenken von Eiern zum Frühlingsanfang hat eine lange Tradition. Schon 3000 Jahre vor unserer Zeitrechnung kannten die Chinesen diesen Brauch. Überall in der Welt gilt das Ei als Symbol des Lebens. Im christlichen Brauchtum symbolisiert die Eierschale Christi Grab, während das geschlüpfte Küken als Sinnbild der Auferstehung gilt.

1. Reihe: Wachteleier, 2. Reihe: Fasaneneier, 3. Reihe: Zwerghuhn-, Taubeneier,
4. Reihe: Gänse-, Enten- und zwei Hühnereier

Buchsbaumhecken waren früher unverzichtbare Bestandteile der Bauern- und Bürgergärten. Sie begrenzten die Blumen- und Gemüsebeete und säumten die Gartenwege.

Buchsbaumsträucher lassen sich nahezu beliebig beschneiden. Nicht selten gestaltet man sie zu geometrischen Figuren, vor allem zu Halbkugeln und Pyramiden.

Es ist auf ein altes Brauchtum zurückzuführen, Osterschmuck mit Naturmaterialien zu gestalten. Die hier vorgestellten Modelle sind, auf dieser Tradition beruhend, gebastelt worden. Auf diese Weise geben die Ostereier, Palmstöcke und Gebildebrote unserer Umgebung, mit den Gaben der Natur, eine ganz besondere Atmosphäre.

Im Mittelpunkt fast aller Oster-Bastelarbeiten aus Naturmaterialien steht natürlich das Ei, gewissermaßen das Ursymbol allen Lebens. Die Eier aller freilebenden Vögel sind selbstverständlich tabu. Aber auch wenn wir uns allein auf Eier der Arten beschränken, die als Haustiere oder in heimischen Züchtereien gehalten werden, kommen wir schon auf eine beachtliche Größen-, Formen- und Farbenvielfalt (vgl. Seite 6). Die meisten der gezeigten Eier sind in Geschäften und auf Märkten erhältlich; wegen einiger wird man sich unmittelbar an bestimmte Züchtereien wenden müssen. Immer fallen Eier an, die nicht erbrütet werden oder nicht erbrütet werden können.

Blühende Forsythienzweige schmücken den Ostertisch. Notfalls kann man sie leicht vortreiben, indem man die knospigen Triebe eine Woche vor dem Fest in die warme Stube holt.

Buchsbaum kann man leicht selber vermehren

In manchen Wäldern sind Weißmoos-Polster stark verbreitet. Hier kann man schon einmal eines der uhrglasförmig gewölbten Gebilde mitnehmen, um es für österliche Dekorationen zu verwenden.

Die andere Quelle für Naturmaterialien, die wir für unseren Osterschmuck verwenden, sind die Gärten mit ihren Frühlingsblumen, vor allem aber die Buchsbaumhecken und -sträucher, die früher in keinem Bauerngarten fehlten. Zwischenzeitlich geriet der Buchs fast völlig in Vergessenheit; vielerorts wurde er gedankenlos gerodet und vernichtet. Neuerdings aber erfreut er sich wieder so großer Beliebtheit, daß oft gar nicht so viele Pflänzchen zur Verfügung stehen, wie man eigentlich setzen möchte. Deshalb lohnt es sich schon, ihn einfach selbst zu vermehren. Mit 10 bis 15 cm langen Buchsbaumzweigen, von deren etwa 3 cm langer Stielbasis die Blättchen entfernt

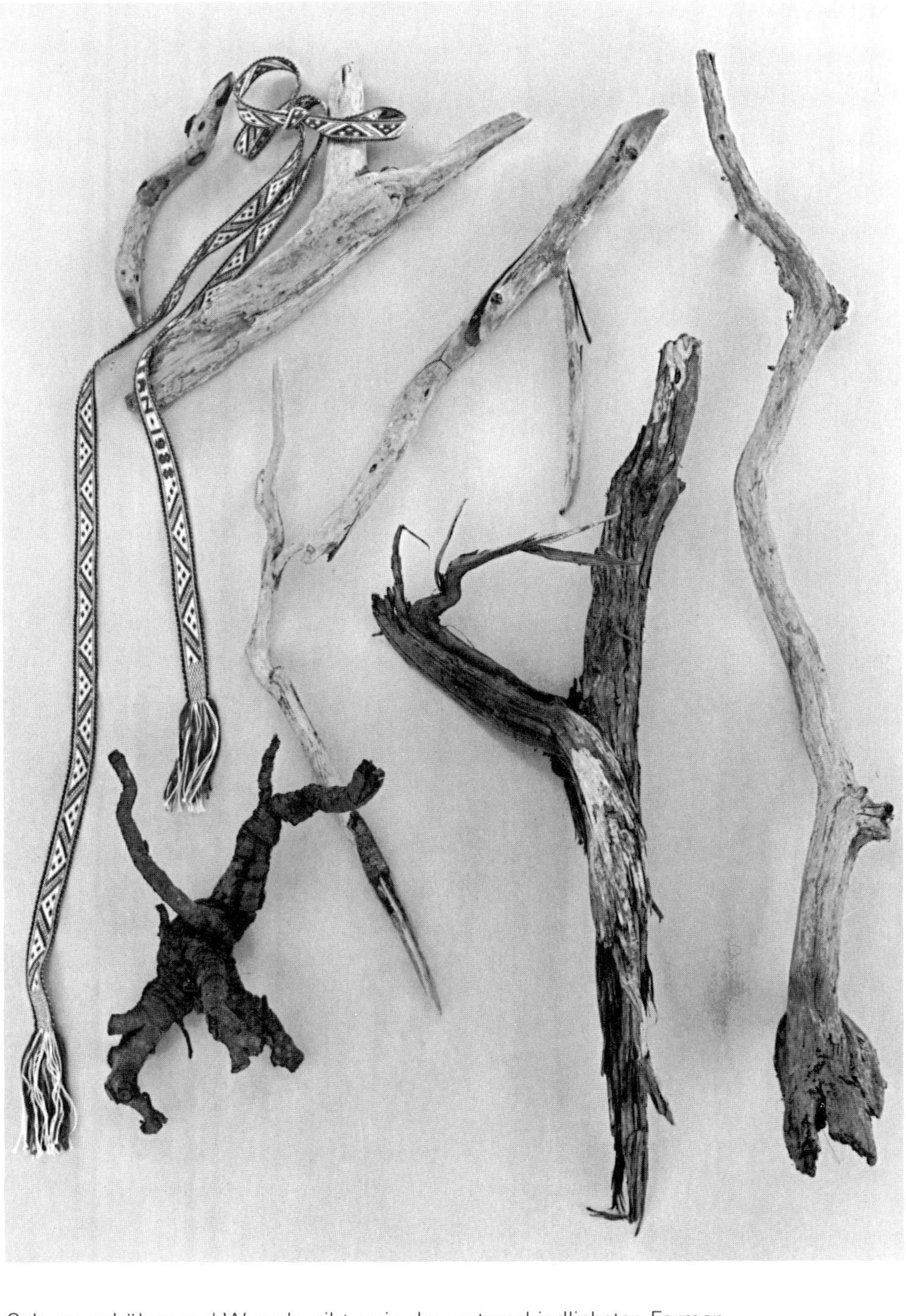

Schwemmhölzer und Wurzeln gibt es in den unterschiedlichsten Formen.

wurden, haben wir bereits bestens geeignete Stecklinge, deren Schnittstellen ggfs. noch mit einem Bewurzelungspulver betupft werden. Eine größere Anzahl solcher Buchsbaumzweige wird im zeitigen Frühling – vielleicht sogar am Palmsonntag – in Reih und Glied in eine Erdrille im Garten gesteckt, die möglichst ständig feucht gehalten wird. Ein leicht schattiger Platz im Garten ist dazu besonders gut geeignet. Bis zum Herbst haben sich die meisten Stecklinge bewurzelt. Dann können sie an den ihnen zugedachten Ort gepflanzt werden: als Hecke zur Begrenzung einer Rabatte oder als kleiner, langsam wachsender Strauch im lichten Schatten zwischen Laubgehölzen. Mit seinen immergrünen Blättern sorgt er für Leben und Schmuck zu allen Jahreszeiten.

Die größte Fundgrube für Naturmaterialien aber ist und bleibt die freie Natur selbst. Schon wenige alte Zweige, das Wurzelwerk eines durch Windwurf hochgestellten Baumstumpfes oder einige von einem Bach mittransportierte oder am Spülsaum eines Sees abgelagerte Holzstücke können der dekorative Mittelpunkt einer österlichen Bastelarbeit sein. „Schwemmhölzer", vom Wasser überformt und an der Sonne gebleicht, fordern unsere Phantasie heraus. Ihnen haben wir in diesem Bändchen ein eigenes Kapitel gewidmet.

Nur häufig vorkommende Naturmaterialien verwenden

Sie sollten nur solche Zweige verwenden, die entlang Ihrer Spazierwege häufig anzutreffen sind und von denen Sie wissen, daß sie kräftig nachwachsen, wenn sie abgeschnitten werden. Das gilt für Weiden- und Birkenruten ebenso wie für Besenginster- und Blaubeertriebe. Am wenigsten wird dem Gehölz geschadet, wenn man eine Rosenschere benutzt; einfaches Abknicken und Abreißen kommt nicht in Betracht!

Alle nur vereinzelt vorkommenden Pflanzen und Pflanzenteile bleiben unangetastet. Aber wo es – wie beispielsweise oft in bodensauren Nadelwäldern – sehr viel Moos gibt, dort darf man schon einmal ein Stück Weißmoos-Polster abheben.

Eierketten

Jede Kette besteht aus vielen einzelnen Gliedern, die erst gemeinsam ein Ganzes, eine Gemeinschaft, bilden. Eierketten stehen symbolisch für diese Gemeinschaft. Eierketten aus mit pflanzlichen Stoffen gefärbten Eiern eignen sich beispielsweise zur Dekoration eines Strohkranzes und als Wandschmuck. Für diesen Kranz benötigen Sie etwa 4,5 cm lange und 0,7 cm dicke Holunderstäbchen (man nimmt dazu immer die einjährigen unverzweigten Triebe), von denen Sie die Rinde abschaben. Es kann ruhig etwas von der grünen Bastschicht erhalten bleiben. Die Küken- bzw. Zwerghuhneier, die wir verwenden, sind zur Dekoration des Kranzes besser geeignet als Hühnereier. Bei der Kette, die als Wanddekoration gedacht ist, spielt die Größe der Eier keine Rolle.

Verschiedene Pflanzenfarbstoffe

Zum Färben der Eier vermischen Sie Rotholz mit Krappwurzel. Rotholz sind die Späne eines tropischen Baumes (Caesalpinia), Krapp, die Wurzel der Färberröte (Rubia tinctorum), die schon 60 n. Chr. von dem griechischen Arzt Dioskurides als Färberpflanze erwähnt wird. Bis sie von den Chemiefarben abgelöst wurde, spielte sie eine wichtige Rolle beim Färben von Wolle, Seide, Leder und Baumwolle. Krapp eignet sich auch sehr gut zum Mischen mit Zwiebelschalen, Kamille und Walnußrinde. Es entstehen sehr schöne Naturtöne. Rotholz und Krapp erhalten Sie in Apotheken.

Ein schlichter Strohkranz – verziert mit Eiern in Rottönen

Entrindete einjährige, d. h. unverzweigte Holunderzweige werden in 4 bis 5 cm lange Teile geschnitten und in möglichst frischem Zustand mit einer Rouladennadel durchbohrt.

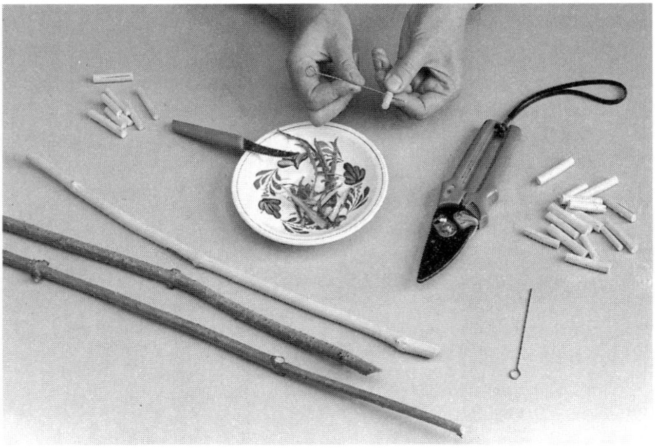

Die ausgeblasenen und gefärbten Eier und jeweils drei durchbohrte Holunderstäbchen werden auf einen dickeren Bindedraht aufgezogen. Diese Eierkette wird mit Haften auf dem Strohkranz (Seite 13) befestigt.

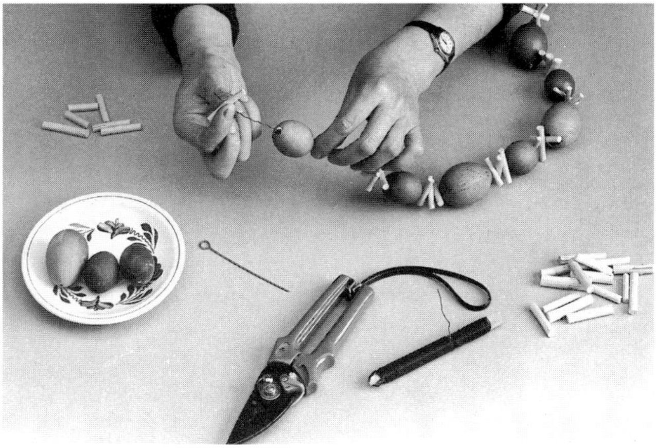

Naturfarben sind nicht so grell wie Chemiefarben und wirken deshalb wärmer und harmonischer. Sie sollten daher nie mit Kunstfarben gemeinsam verarbeitet werden.
Es gibt viele verschiedene Möglichkeiten, Eier mit Naturstoffen zu färben. Beim Experimentieren wird man immer neue Versionen entdecken. Gelbtöne erzielt man mit Zwiebelschalen, Kamillenblüten, grünem Matetee und Ringelblumenblüten. Helle Brauntöne bringen Wermut, Birken- und Holunderblätter, ein dunkles Braun ein intensiver Zwiebelschalensud. Grün färben sich die Eier, wenn wir sie in kalten Matetee geben oder in einen Sud von Ysop und Weinraute.

Der Farbsud wird zubereitet

Rottöne liefern Krapp, Rotholz und Cochenille-Läuse. Die Farbe Blau findet sich nur selten in der Naturfarbenpalette: Geeignet ist Blauholz; auch mit kaltem Holundersaft lassen sich einige Farbabstufungen erreichen.

Zum Färben benötigen Sie einen alten Topf, in dem Sie die Farbbrühe herstellen. Frische und getrocknete Pflanzenteile werden mit heißem Wasser übergossen. Dieser Sud muß einige Zeit ziehen. Härtere Teile wie Holz, Rinde und welke Blätter werden vorher 1 bis 2 Stunden eingeweicht. Für die Eierkette geben Sie 3 Eßlöffel Krappwurzel und 3 Eßlöffel Rotholz in 1 Liter Wasser. Die fertige Farbbrühe gießen Sie durch ein Sieb und tauchen dann die Eier ein.

Meistens werden die Eier vor dem Färben ausgeblasen. Zuerst werden sie gründlich gereinigt und mit einem Eierpickser an den Polenden angestochen. Diese Öffnungen werden mit einem Kreuzschlitzbohrer etwas vergrößert, dann werden die Eier durch kräftiges Blasen von ihrem Inhalt befreit. Das geht leichter, wenn man Dotter und Eiweiß zuvor mit einer Rouladennadel oder einem Holzstäbchen verrührt. Die ausgeblasenen Eier werden dann noch einmal innen und außen gespült, um Geruchsbildung durch Eirückstände zu vermeiden. Daraufhin werden sie einen Tag zum Trocknen in den Heizungskeller gelegt und erst dann verarbeitet.

Da einige Färbestoffe nur zu bestimmten Jahreszeiten in der Natur vorkommen, ist es ratsam, ausgeblasene Eier zu diesem Zeitpunkt auf Vorrat zu färben, um sie vor dem nächsten Osterfest zu bemalen und zu verzieren.

Hartgekochte Eier lassen sich im Farbsud leichter färben als ausgeblasene Eier, weil sie voll in die Flüssigkeit eintauchen. Färbt man in kaltem Sud, so können die ungekochten Eier nach dem Färben ausgeblasen werden.

Ausgeblasene Eier beschweren Sie mit einem kleineren Deckel oder mit einem Teller, damit sie nicht an der Oberfläche schwimmen. Allerdings entstehen dabei leicht auf den Eiern kleine Kratzer. Diese sind zu

Die aus naturgefärbten Eiern und Holunderstäbchen zusammengestellte Kette wurde mit farblich passenden Schleifen, mit Buchsbaum und Buchsbaumkränzchen zusätzlich dekoriert.

Ein handgeflochtener Korb erhielt als Osterschmuck eine Kette aus Lackeiern und Holzperlen. Sie wurde mit Drähten am Korb befestigt. Buchsbaum kaschiert die Drähte.

In Gruppenarbeit entstand diese Eierkette, an der jedes Kind sein schönstes Osterei befestigte. Vorher hatten die Kinder aus Bast einen Zopf geflochten und an der Wand befestigt.

Wenn man Eier und Holunderstäbchen auf stärkeren Bindedraht aufzieht, kann man beispielsweise dieses ovale Gebilde aus Ostereiern formen. Eine genaue Anleitung finden Sie auf den folgenden Seiten.

vermeiden, wenn man jedes Ei mit Hilfe eines Drahtes so lange in die Farbflüssigkeit drückt, bis es den gewünschten Farbton erreicht hat. Dazu wird ein längerer Draht in der Mitte gebogen und mit seinen beiden Enden in die Löcher an den Eipolen gesteckt. Da nicht alle Eier die Farbe gleich intensiv annehmen, ergeben sich belebende Farbnuancen.
Die gefärbten Eier legen Sie auf Küchenkrepp oder auf eine leere Eierlage und lassen sie trocknen. Wer glänzende Eier haben will, kann sie nachher noch mit einer Speckschwarte abreiben und mit dem Kreppapier nachpolieren.

Für die Kugel mit Lackeiern wird zunächst das Grundgerüst angefertigt. Dazu werden zwei ca. 90 cm lange und 1,2 mm dicke Bindedrähte über Kreuz gelegt und mit Wickeldraht fest miteinander verbunden.

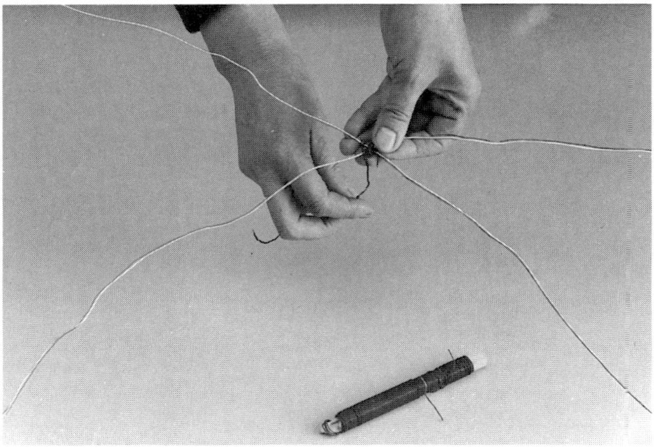

Ziehen Sie von jedem der vier freien Drahtenden drei Holunderstäbchen bis zum Mittelpunkt und füllen Sie dann die Drähte abwechselnd mit jeweils einem Ei und drei Stäbchen. Je nach der Größe der Kugel werden viermal vier bis viermal sechs Eier verarbeitet.

Für unsere Eierkugel (Seite 17) suchten wir uns Eier in möglichst gleicher Größe und Form aus. Auf dem Markt hat man dazu meistens Gelegenheit. Dabei merkt man, wie unterschiedlich Form und Beschaffenheit der Eischale sein können. Die ausgeblasenen Eier steckten wir auf einen Schaschlikstab aus Holz, auf dem wir eine kleine Korkscheibe befestigt hatten, damit die Eier beim Bemalen nicht abrutschen konnten. Mit einem weichen Pinsel wurde hier Lackfarbe gleichmäßig von oben nach unten aufgetragen. Die Eier mußten einen Tag trocknen; erst danach konnten mit weißer Lackfarbe die einfachen Muster aufgebracht werden.

Wir hätten die Eier auch mit Deckfarbe bemalen und nachher lackieren können. Diese Methode ist allerdings arbeitsaufwendiger und führt meistens nicht zu einer so gleichmäßigen Färbung des Eies.
Zum Schluß zogen wir abwechselnd ein Ei und drei Holunderstäbchen auf einen 1,2 mm dicken Draht auf, der möglichst nicht ummantelt sein sollte, weil sich dann die Eier leichter aufziehen lassen. Am besten geht man dabei folgendermaßen vor: Man steckt den Draht in eine Eiöffnung. Bei drehenden Bewegungen des Drahtes findet dieser leicht die zweite Öffnung, so daß er weiter hindurchgezogen und wieder mit drei Holunderstäbchen verziert werden kann.

Die vier freistehenden Drahtenden werden durch Ineinanderdrehen miteinander verbunden, und zwar indem zuerst die jeweils einander gegenüberstehenden Enden zusammengeführt werden.

An der Verknüpfungsstelle können zusätzlich einige Eier an unterschiedlich langen Schleifenbändern aufgehängt werden. An derselben Stelle bringen Sie den Aufhänger aus mehreren verknoteten Schleifenbändern an. Zum Schluß werden die Holunderstäbchen über Kreuz angeordnet.

Verzierte Weiden- und Haselruten

Mit dem Palmsonntag beginnt die Osterwoche. Dieser Tag soll uns an den umjubelten Einzug Jesu in Jerusalem erinnern. An einigen Orten gibt es am Palmsonntag Prozessionen, deren Ursprung bis ins 9. Jahrhundert zurückreicht. Natürlich gehören dazu auch Ölbaumzweige und Palmblätter, die in unseren Breiten allerdings durch immergrüne Gewächse wie Buchsbaum, Stechpalme und Lebensbaum ersetzt werden.
In Süddeutschland fertigt man in einigen Orten meterlange Palmstecken aus Haselruten oder Holunderästen an, die mit Buchsbaum, bunten Bändern und bemalten Eiern reich verziert werden.
Die Palmstöcke im Norden Deutschlands waren immer bescheidener. Sie wurden und werden auch heute noch aus Weidenruten gebunden und mit Buchsbaumzweigen geschmückt. Nahezu jeder Ort hat dabei seine Besonderheit entwickelt: Hier werden sie mit Äpfeln, dort mit bunten Bändern und mit Ketten aus getrockneten Pflaumen und Rosinen verziert.
In vielen Regionen gibt es Palmgebäck: Brezeln und kleine Hühner, die auf die Palmstöcke gesetzt werden. In evangelischen Gegenden kennt man die Palm- oder Fastenbrezel, die die Burschen am Palmsonntag ihren Mädchen schenken. In den katholischen Kirchen werden die Palmstöcke geweiht. Mit Weidenruten „pälmte“ man die Felder, d.h. an jeder Ecke des Feldes steckte man zwei von ihnen kreuzweise in die Erde.

Ein Palmstock stand Pate bei der Gestaltung dieser Osterdekoration.

Einfache Palmstöcke bestehen oft nur aus zusammengebundenen Weidenruten, die mit Buchsbaum gekrönt werden.

Wenn auch große Teile früheren Brauchtums verlorengegangen sind, so gibt es doch noch überlieferte Traditionen, die heute wieder aufleben und zu neuen, zeitgemäßen Formen finden. An manchen Orten, wo die österlichen Bräuche nicht mehr gepflegt wurden, werden sie in unseren Tagen mit einem Mal wieder lebendig. Mit einer überraschenden Zuneigung und Aufgeschlossenheit begegnen die Menschen unserer Zeit gerade dem österlichen Brauchtum, das sie in ihre Umwelt zu integrieren versuchen.
So werden beispielsweise mancherorts die bleistiftdicken Weidenzweige, die nicht zum „Pälmen" gebraucht werden, in 15 cm lange Stücke geschnitten und an Straßenrändern und Rainen sowie auf Öd- und Brachflächen so in die Erde gesteckt, daß gerade noch zwei Blattknospen aus der Erde herausschauen. Die kleinen Steckhölzer bewurzeln sich, treiben aus und bringen neues Leben für Mensch und Tier. Kindern kann man kaum schöner das Geheimnis der lebendigen Kraft, die den Zweigen innewohnt, vor Augen führen. Und auch uns Erwachsenen gibt der Zweig Anlaß zu ehrfürchtiger Bewunderung.
Auch die frisch geschnittenen Buchsbaumzweige werden an einem schattigen Ort im Garten in die Erde gesteckt, damit sie sich ebenfalls bewurzeln und neues Grün hervorbringen. Besonders die dekorativen Palmstöcke verschönern oft wochenlang unser Heim.

Eine Buchsbaumgirlande ziert diesen Palmstock.

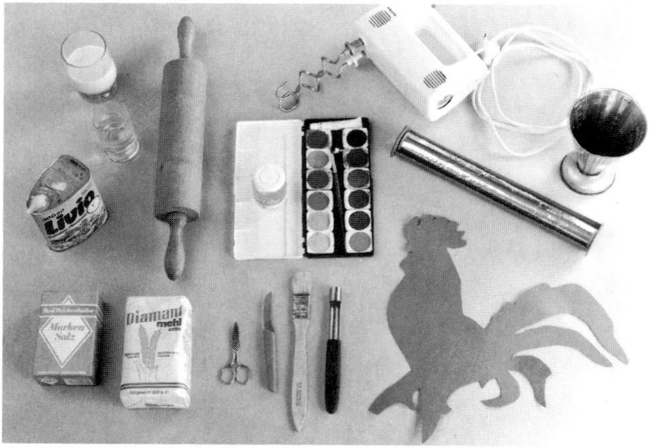

Alles, was man für Salzteig-Gebilde braucht: Mehl, Salz, Öl, Wasser und Milch; Meßbecher, Rührstab, Teigrolle und Alufolie; Messer, Backpinsel und Klarlack; dazu speziell für einige Figuren wie z. B. für den Hahn (Seite 21) eine Vorlage (größer dargestellt auf Seite 26), einen Apfelbohrer, eine Nagelschere und Plakafarbe;

In den österlichen Gebinden spielen Teiggebilde eine besondere Rolle. An die Stelle des Hefeteigs ist Salzteig getreten, der sich durch seine längere Haltbarkeit auszeichnet. Hefeteig sieht zwar schön aus, die geformten Teile reißen jedoch manchmal bei längerer Aufbewahrung. Gebilde aus Salzteig können immer wieder durch eine neue Lackschicht „aufgefrischt" werden. Dennoch sollte man sie vor Feuchtigkeit schützen – also nicht unbedingt an Außenwänden aufhängen.

Ein bewährtes Salzteig-Rezept

Sie benötigen folgende Zutaten: 150 g Mehl, 140 g Salz, ein Achtelliter Wasser und etwas Öl. Alle Zutaten werden mit dem Knethaken der Küchenmaschine gut vermischt; anschließend wird der Teig mit der Hand durchgeknetet. Sollte er zu weich sein, gibt man noch etwas Mehl dazu. Der Teig wird ausgerollt und geformt. Die fertigen Gebilde kommen auf ein ungefettetes, mit Folie ausgelegtes Backblech, werden dünn mit Milch überpinselt und dann zum Trocknen bei 100 Grad in den Backofen gegeben. Zum Bräunen schalten Sie auf 150 Grad.
In dieser Zeit muß öfter nachgeschaut werden. Die Stellen, die den richtigen Farbton erreicht haben, werden mit Folie abgedeckt; die anderen bräunen nach. Mit glänzendem Klarlack (dick) werden die erkalteten Teile zweimal überpinselt.

Für eine Salzteig-Brezel wird eine „Wurst“ geformt, die in der Mitte am dicksten ist und sich zu den Enden verjüngt. Wenn die Brezel – wie im Bild dargestellt – geformt ist, wird sie dünn mit Milch überpinselt, eine Stunde bei 100 Grad im Backofen getrocknet und dann bei 150 Grad gebräunt.

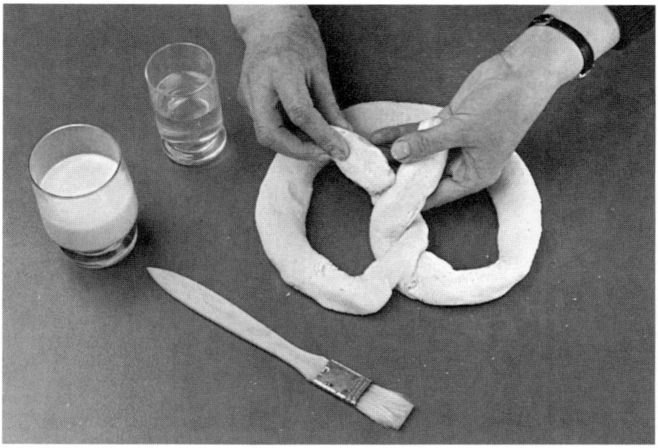

Wenn man ein Sonnenrad anfertigen will, muß man zuerst die inneren Stege anfertigen. Jeder Steg entsteht, ebenso wie der Außenring, aus zwei umeinandergewickelten Teigrollen. Die Stege werden mit dem Ring verbunden, indem man den Teig an den Berührungsstellen schwach anfeuchtet.

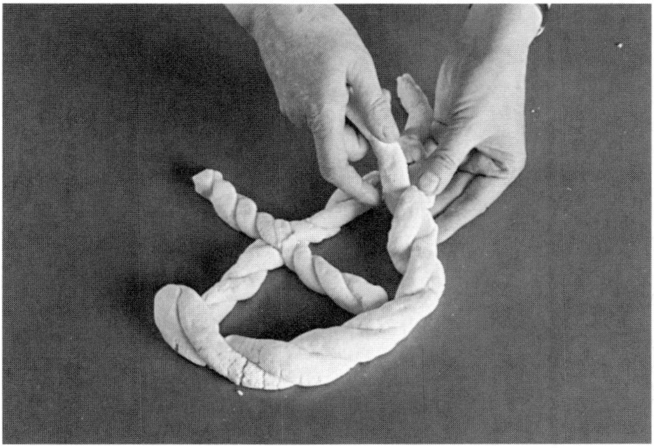

Der Hahnen-Schnitt (Seite 26) wird vergrößert und auf eine Pappe übertragen, die auf den ausgerollten Teig gelegt wird. Mit dem Küchenmesser ziehen Sie den Umriß nach. Legen Sie den Hahn auf das mit Alufolie abgedeckte Backblech und glätten Sie die Schnittkanten mit einem angefeuchteten Finger.

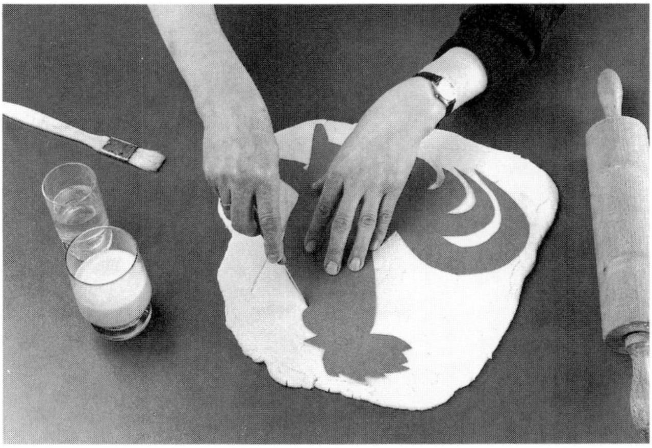

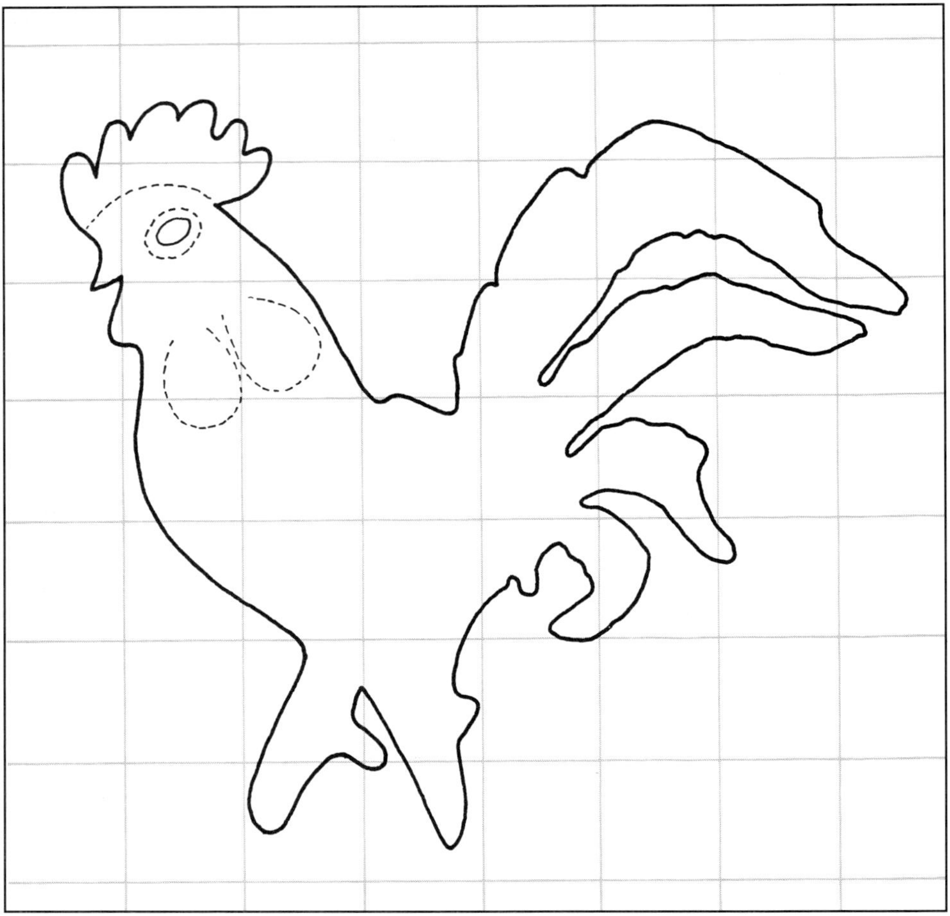

Vorlage für den Salzteig-Hahn von Seite 25. Die Vorlage wird mit Hilfe eines Rasters vergrößert und auf ein Stück festen Karton übertragen.

Für den Hahn brauchen Sie die doppelte Menge Salzteig. Jede Portion wird gesondert hergestellt und dann zusammengeknetet. Der Teig wird 1,5 bis 2 cm dick ausgerollt. Legen Sie den Hahn auf das mit Folie belegte Blech. Sollte er reißen, wird die Stelle mit Wasser angefeuchtet und zusammengeklebt. Die Schwanzfedern schneiden Sie mit einem Küchenmesser aus; die Muster lassen sich gut mit einem Apfelbohrer formen. Lappen, Schnabel und Auge werden doppelt mit Teig belegt. Die Backzeit beträgt 1,5 Stunden bei 50 Grad, eine weitere halbe Stunde bei 100 Grad; schließlich eine Weile bei 150 bis 200 Grad (man muß allerdings dabei bleiben!).

Fingertupfeier

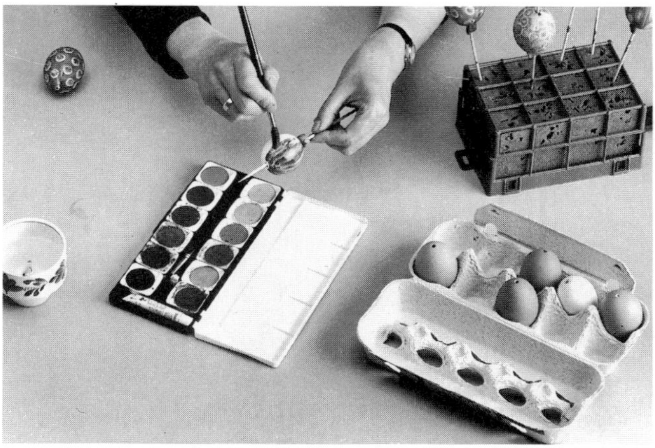

Die mit klarem Wasser gereinigten Eier werden mit Deckfarbe bemalt.

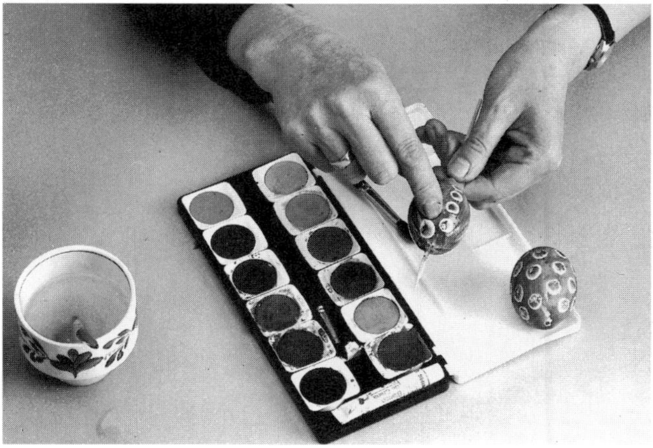

Mit der Kuppe des Zeigefingers werden Muster in die feuchte Farbe gedrückt.

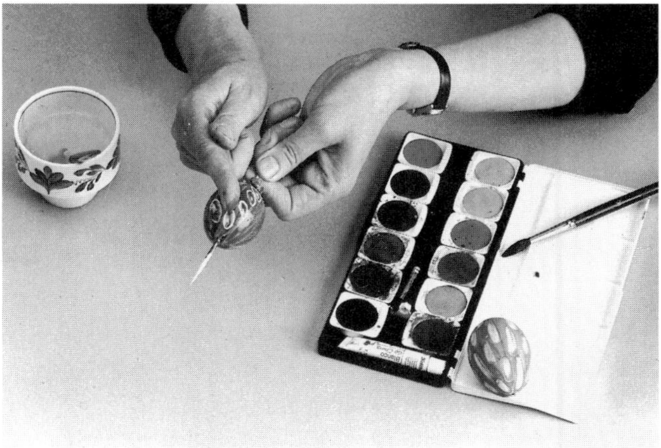

Ein anderes Muster erhalten Sie, wenn Sie den Zeigefinger quer auflegen.

Den Tupfeiern sieht man nicht an, wie mühelos sie anzufertigen sind.

Eine sehr schöne und einfache Methode zum Verzieren von Ostereiern ist das Fingertupfen. Die fertigen Eier ähneln Batikeiern und gelingen selbst dem Ungeübtesten. Vor allem Kinder haben viel Freude daran; ihrer Phantasie entspringen wahre Kunstwerke.
Bei dieser Methode dürfen Sie die Eier nur mit klarem Wasser ohne Spülmittelzusatz säubern; andernfalls ist alle Mühe vergeblich. Zum Bemalen eignen sich Plaka-Deckfarben aus dem Malkasten. Die einzelnen Farben werden vor Beginn der Arbeit angefeuchtet, sie dürfen weder zu dünn noch zu dick sein. Die Eier werden auf ein Schaschlikhölzchen gesteckt und von Pol zu Pol mit einer Farbe bestrichen.

Salzteig-Gebilde und Tupfeier in warmen Farben

Während das Ei auf dem Stäbchen gedreht wird, drücken wir mit der Fingerkuppe Muster in die feuchte Farbe. Bei dunkel getönten Eiern kommen die Muster besser zur Geltung als bei helleren. Bildet sich beim Tupfen an einer Stelle zuviel Farbe, so können Sie diese mit dem Pinsel vorsichtig entfernen. Wenn ein Ei beim Verzieren mißlingt, so wird es einfach abgewaschen und wieder neu bestrichen. Zweifarbige Eier erhält man beispielsweise dadurch, daß man beide Hälften des Eies in unterschiedlichen Farben tönt und mit dem Finger das Muster über die Nahtstelle tupft. Wer glänzende Eier liebt, kann sie nach dem Trocknen mit Klarlack überziehen.

Stöcke für Osterdekorationen (z. B. Seite 21) können sehr unterschiedlich verziert werden. Hier werden die frisch entrindeten Weidenstäbe mit dem Küchenmesser etwas eingekerbt und die Späne nach außen gebogen.

Die verzierten Streben werden mit Bindedraht am Hauptholz, einer entrindeten Haselnußgerte, befestigt. Darunter befindet sich der gewundene Trieb des Waldgeißblatts.

Mit dem Küchenmesser werden die Äpfel angebohrt und auf die herausragenden Spitzen der Seitenstreben und des Hauptholzes gesetzt. Dazu müssen sie kräftig angedrückt werden.

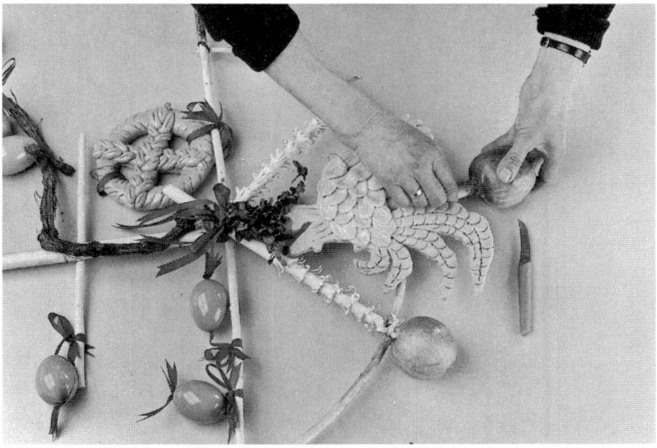

Und so wird ein schweres Salzteig-Gebilde (z. B. der Hahn von Seite 29) am Stock befestigt: Durch die eingebackenen Ösen wird ein Draht gezogen und oberhalb einer Querstrebe am Hauptholz festgebunden.

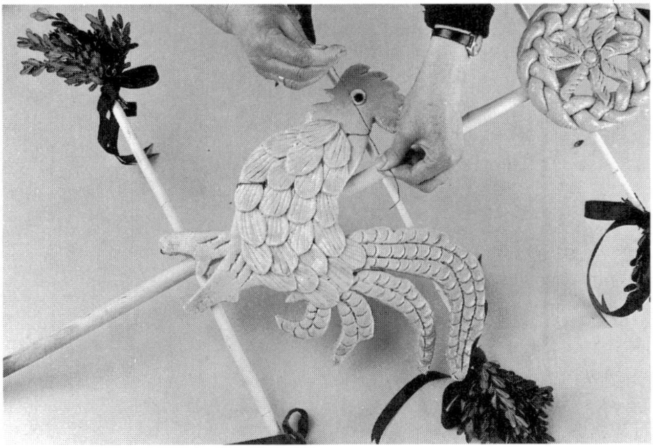

An die Enden der Stöcke werden zum Schluß noch Buchsbaumsträußchen gebunden und die Drähte mit Schleifen verdeckt.

Batikeier – kinderleicht

Die Muster werden mit Wachs abgedeckt

In einigen Gegenden Mittel- und Ostdeutschlands, in der Slowakei, in Ungarn und Jugoslawien sowie in der Ukraine ist die Batiktechnik zum Verzieren von Ostereiern weit verbreitet und seit jeher in Übung. Flüssiges Wachs wird in Mustern auf das Ei aufgetragen und dieses dann in ein Farbbad getaucht. Die mit Wachs bedeckten Stellen nehmen keine Farbe an. Um mehrfarbige Muster zu bekommen, wird immer wieder Wachs auf das nach dem Farbbad getrocknete Ei aufgetragen und danach erneut in einer anderen Farbe gefärbt. Dabei taucht man das Ei zuerst in die hellsten und zuletzt in die dunkelsten Farben.
Nach dem Färben wird das aufgetragene Wachs durch Erhitzen entfernt; unter ihm hat sich der jeweils gewünschte Farbton erhalten.
Zum Erhitzen des Wachses nehmen Sie eine leere Getränkedose. Entfernen Sie mit einem Büchsenöffner den oberen Deckel und bohren Sie über dem Dosenboden ein kleines Loch. Dann stülpen Sie die Dose über ein brennendes Teelicht. Damit die Flamme auch von unten mit Sauerstoff versorgt wird, wird die Dose auf zwei Bleistifte oder Stöckchen gestellt. In die obere Mulde geben Sie zu gleichen Teilen Bienenwachs und Stearin. Das Bienenwachs garantiert, daß das Wachsgemisch auf dem Ei haften bleibt; das Stearin macht es überhaupt erst möglich, daß das heiße Wachsgemisch auf das Ei aufgetragen

Batikeier schmücken die dreistufige Pyramide aus Buchsbaumkränzen.

werden kann. Durch die Dosenhöhe hat das Wachs genau den richtigen Abstand zur Flamme und kann so auch nicht überhitzt werden.

Malen mit dem Stecknadelkopf

Stecken Sie nun Stecknadeln mit unterschiedlicher Kopfgröße (Metallkuppe, Glaskopf) auf einen alten Bleistift oder einen Filzschreiber. Erwärmen Sie den Stecknadelkopf in dem Wachs-Stearin-Gemisch und setzen Sie einen Tupfen davon auf das Ei.
Wenn Sie die Stecknadel schnell von oben nach unten ziehen, entsteht ein auslaufender Strich. Mehrere solcher Striche im Kreis angeordnet ergeben ein Sonnenrad. Für jeden dieser Punkte muß die Nadel wieder neu eingetaucht werden.

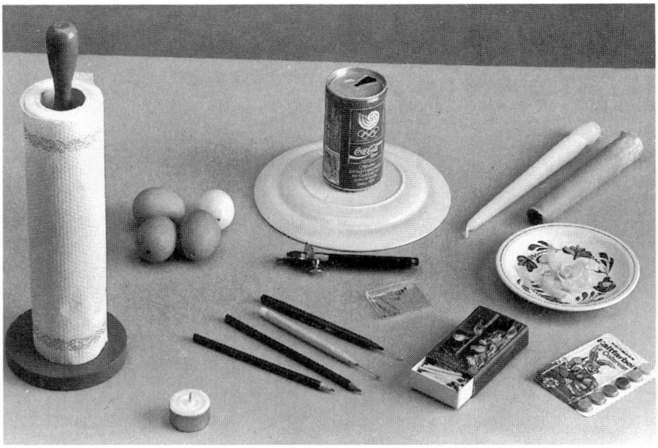

Für die Batikeier brauchen Sie folgende Utensilien: eine Getränkedose, Wachs- und Stearinflocken, alte Filzschreiber, Stecknadeln mit unterschiedlich großen Köpfen, ein Teelicht, zwei Bleistifte, Ostereier-Kaltfarben und Küchenkrepp.

Der Filzschreiber mit dem in heißes Wachs getauchten Stecknadelkopf wird möglichst senkrecht auf das Ei gedrückt. Davor steht unser raffinierter Schmelztiegel, mit dessen Hilfe das Batiken von Ostereiern kinderleicht wird.

Färben mit Kaltfarben

Da das Wachsgemisch bereits bei 40 Grad schmilzt, werden die Eier in Kaltfarben gefärbt. Nach dem Färben tauchen Sie die Eier kurz in klares Wasser ein, damit die überschüssige Farbe entfernt wird, und tupfen sie anschließend mit saugfähigem Papier trocken. Im Backofen (40 bis 50 Grad) löst sich das Wachsgemisch und wird mit Küchenkrepp entfernt. Mit einer Speckschwarte oder mit Klarlack kann das Ei noch einen besonderen Glanz erhalten. Auf naturbelassene oder einfarbig gefärbte Eier werden Muster mit buntem Wachs aufgetragen. Dieses Wachs wird später nicht entfernt.

Ausgeblasene Eier können auf unterschiedliche Art an Kränzen und Gestecken befestigt werden. Wenn sie in ihrer künstlerischen Gestaltung wirken sollen, muß das Beiwerk zurücktreten. Sind sie einfach gehalten, sollen die schmückenden Elemente wie Schleifen und Perlen ihnen Wirkung verleihen.

Eier unsichtbar aufhängen

Wollen Sie die Eier möglichst unsichtbar befestigen, so wickeln Sie Nylonfaden oder Nähseide drei- bis viermal um ein halbes Streichholz, verknoten das Ende gut und stecken dann das Hölzchen senkrecht in das ausgeblasene Ei. Wollen Sie Schleifenband durch ein Ei ziehen, so führen Sie einen dünnen Steckdraht durch die beiden Öffnungen an den Eipolen. Biegen Sie an einem Drahtende einen Haken, mit dem Sie das Band durch das Ei ziehen.

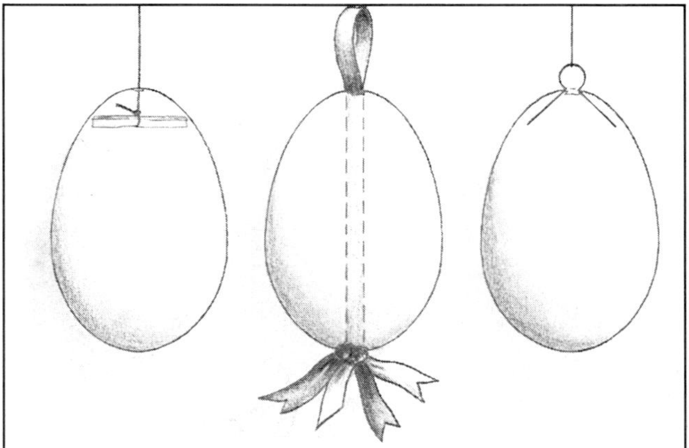

Links: Nähseide wird drei- bis viermal um ein halbes Streichholz gewickelt und senkrecht in das Ei gesteckt. *Mitte:* Ein doppelt gelegtes Schleifenband wird mit einem Draht durch das Ei geführt (vgl. Seite 55) und unten verknotet. *Rechts:* Ein Draht wird zu einem Haken gebogen und in das Ei eingeführt.

Dreistufige Pyramide

Für unsere mit Batikeiern verzierte Pyramide (Seite 33) wählten wir einen kleinen, handgeflochtenen Korb, in den wir eine geschälte Haselrute eingegipst hatten. Zuvor wurde der Korb mit Plastik ausgelegt, damit der flüssige Gipsbrei nicht durch das Flechtwerk dringen konnte. Der Gips reicht bis 5 cm unter die Korbkante. Nach dem Trocknen kam auf den Gips eine Schicht Moosi-Steckmasse, die mit kurzen Buchsbaumzweigen und ein paar Efeuranken ausgesteckt wurde. Die unteren Blättchen der Buchsbaumzweige werden vor dem Stecken entfernt. Wenn die Steckmasse regelmäßig angefeuchtet wird, halten sich die Zweige besonders lange.

Drei doppelt gelegte Schleifenbänder tragen jeden einzelnen Kranz. Ihre Enden werden mit Wickeldraht an den Stock gebunden.

Die Fäden werden von zwei Seiten um den Kranz gelegt, mehrfach verknotet und kurz abgeschnitten. Sie sollten möglichst unter den Buchsbaumzweigen verschwinden.

Sonnenräder schmücken diese Eier.

Drei unterschiedlich große Makrameekränze (Ø 25, 20, 15 cm) wurden mit Buchsbaum umwickelt und mit je drei doppelten Schleifenbändern an einem Stock befestigt. Beginnen Sie mit dem unteren Kranz und achten Sie darauf, daß der Kranz gerade hängt und nicht verrutscht. Die beiden folgenden Kränze werden in gleicher Weise in gleichmäßigen Abständen aufgehängt. Am besten eignet sich Draht zum Anbinden. Auf der Spitze des Stockes wird ein Ei befestigt, das durch einen Strauß Buchsbaum und die Schleifenenden des letzten Kranzes noch betont wird. Alle Eier werden an einem doppelten Nähseidefaden aufgehängt und mit zwei roten Perlen verziert.

Naturgefärbte Abdeckeier

Aus der deutschen Schweiz, aus Süddeutschland und Hessen ist uns die Technik bekannt, Hühnereier mit Pflanzenteilen zu belegen und dann zu färben. Die schönsten Abdeckeier sah ich allerdings bei den Letten. Sie färben Ostereier mit Zwiebelschalensud und erhalten so die schönen unterschiedlichen Brauntöne.
Schön ist es, wenn man in den Vorfrühlingstagen mit den Kindern durch den Garten oder durch Wald und Feld streift und Ausschau nach unterschiedlich geformten Blättchen hält, die für die Abdecktechnik geeignet wären: Alle kleinen Blätter, Grashalme und Blüten sind verwendbar. Sie dürfen nur nicht zu dickfleischig und zu groß sein, weil sie sonst schlecht auf dem Ei haften. Besonders schön sind kleine gefiederte und tief eingekerbte Blättchen.
Zunächst werden die Eier gründlich in Spülwasser gereinigt, damit die Eioberfläche entfettet wird und die Farbe besser an ihr haftet. Dann legen Sie die Eier etwa 10 Minuten in warmes Wasser, um zu sehen, ob die Eischale auch keinen versteckten Riß aufweist.
Die kleinen Pflanzen wurden früher mit Nähseide auf das Ei gebunden; diese Fäden hinterließen jedoch nach dem Färben unerwünschte Spuren. Heute haben wir es viel leichter, weil wir das Perlongewebe eines ausrangierten Strumpfes verwenden können. Wenn die Blättchen und Blüten nicht biegsam genug sind,

Hübsche Abdeckeier erhält man ohne großen Materialaufwand. Zum Färben braucht man viele Zwiebelschalen und etwas Essig, für die Abdecktechnik nur einige zarte Blättchen, einen alten Nylonstrumpf und ein paar Ringgummis.

Die Blättchen werden mit einer Pinzette auf das Ei gelegt. Damit sie nicht verrutschen, kann man sie auch mit etwas geschlagenem Eiweiß auf das Ei „kleben".

Ein Stück Nylonstrumpf wird über das mit Blättchen belegte Ei gezogen und mit einem Gummi abgebunden.

Es gibt eine Fülle naturgegebener Muster.

Eine Hefebrezel und in Zwiebelschalensud gefärbte Abdeckeier

werden sie kurz in heißes Wasser gelegt, denn sie müssen auf der Eioberfläche gut anliegen, damit beim Färben keine Farbe daruntergelangt. Damit die Blättchen nicht verrutschen, geben Sie entweder ein paar kleine Tupfen Eiweiß, wasserlöslichen Klebstoff oder etwas Speiseöl darunter. Dann wird ein Stück Nylonstrumpf vorsichtig über Ei und Pflanzenauflage gezogen. Jetzt gilt es besonders darauf zu achten, daß die Pflanzenteile nicht verrutschen. Das Strumpfstück wird mit einem Gummi abgebunden, die Reste abgeschnitten.

Mit Zwiebelschalen färben

Schon Wochen zuvor beginnt man mit dem Sammeln der Zwiebelschalen. Es werden nur die äußeren braunen Schalen genommen; aber davon braucht man sehr viele. Ich fülle meistens einen Zweilitertopf mit Zwiebelschalen, gebe drei Viertelliter Wasser dazu und lasse sie nach Zusatz von etwas Essig längere Zeit auskochen. Den Sud gießt man durch ein Sieb und erhitzt ihn wieder, bevor die Eier darin gefärbt werden. Legt man die Eier in die Flüssigkeit mit den Schalen, so färben sie sich schneller, aber ungleichmäßiger.
In jedem Falle bleiben die Eier so lange in dem Sud, bis sie den gewünschten Farbton erreicht haben.
Sind die Eier zum Verzehr bestimmt, so werden sie 5 bis 6 Minuten in dem Farbsud gekocht. Anschließend löst man den Gummiring und entfernt das Nylongewebe. Es ist immer wieder erstaunlich, wie unterschiedlich sich die einzelnen Muster entwickelt haben. Unter größeren unzerteilten Blättern sind die Flächen fast weiß; schwach angewelkte Blätter haben an den Äderchen etwas Farbe durchdringen lassen. Mehrfach gefiederte Blättchen erscheinen auf dem braunen Ei in einem zarten Olivgelb.
Nun werden die Eier mit Kokosfett abgerieben. Nach der Politur sind sie fertig. Oft sind sie so schön, daß man sich nach Ostern nicht von ihnen trennen möchte. Doch braucht man sie nicht aufzuheben, ganz davon abgesehen, daß die mit Inhalt gekochten Eier dies nicht mitmachen würden. Denn im nächsten Frühling locken aufs neue Sammelspaziergänge und Überraschungen, für die die Abdecktechnik immer geeignet ist.

Schwemmhölzer und Wurzeln

Herrlich ist ein Spaziergang am plätschernden Bach, am Seeufer oder am Meeresstrand. Man freut sich am Wellenspiel, an den futtersuchenden Vögeln, den vorüberschwirrenden Libellen, den tanzenden Mücken und den dahinziehenden Fischen. Und eben bei dieser Gelegenheit findet man das eine oder andere Stück angeschwemmten Holzes oder eine schön geformte Wurzel.

Schwemmhölzer fallen durch ihre bizarre Form, durch ihre von den Wellen blankgescheuerte Oberfläche und durch ihre Leichtigkeit auf. Hat man erst einmal einen Blick für Schwemmhölzer und Wurzeln entwickelt, entdeckt man immer neue Kostbarkeiten. Man lernt die seichten Ufer kennen, an denen die Wellen die Hölzer ablagern. Bei niedrigem Wasserstand kann man an solchen Stellen die schönsten und am interessantesten geformten Hölzer und Wurzeln finden. Auch kurze Aststücke sind willkommen. Oft kann man die verschiedenen Hölzer und Wurzelstücke originell miteinander kombinieren.

Wenn man gezielt nach schönen Schwemmhölzern sucht, ist die Ausbeute oft mager. Die ausgefallensten Stücke fand ich immer durch Zufall, d. h. mehr beiläufig. Aus diesen Funden kann man Kunstwerke zaubern, die im wahrsten Sinne des Wortes „einmalig" sind und von niemandem kopiert werden können.

Ein Wandgehänge aus Schwemmhölzern und Salzteig-Gebilden.

Tips zum Gestalten mit kleinen Schwemmhölzern

Im Laufe des Jahres lege ich mir einen kleinen Vorrat von Schwemmhölzern und Wurzeln an. Sie lassen sich gut lagern und bieten später eine willkommene Auswahl. Das hier abgebildete Gehänge ist aus zwei Schwemmhölzern entstanden. Sie wurden mit Bindedraht fest miteinander verbunden. Die Bindestelle wurde mit ein paar Zweigen vom Korkenzieherhasel und einem Schleifentuff verdeckt. Brezeln und Sonnenräder aus Salzteig werden mit Schleifen befestigt. Die größeren Teile müssen gut befestigt werden, da sie ein erhebliches Gewicht haben. Vor dem Backen werden Drähte und Drahtösen oder aber kleine Löcher in den Teig eingestochen, die als Aufhänger dienen.

Dekoration aus größeren Schwemmhölzern, im Mittelpunkt das Hasenrad

Dekoration aus größeren Schwemmhölzern (vgl. Seite 45)

Hauptutensil der Dekoration aus Schwemmhölzern ist ein großer Ast, dessen Seitentrieb wir durch ein kurzes Stück Schwemmholz ergänzten, das wir mit Draht befestigten. In einem mit Sand gefüllten „Bullenkopf" erhielt das Holz seinen Halt. Mit ein paar Nägeln und etwas Draht hätten wir es auch an der Wand befestigen können.

Den Mittelpunkt bildet das Hasen-Rad. („drei Hasen und der Löffel drei, und hat doch jeder seine zwei"). Das Drei-Hasen-Fenster können Sie übrigens im Kreuzgang des Domes zu Paderborn bewundern.

Das Salzteig-Gebilde wurde angefertigt und mit Bindedraht an dem Schwemmholz befestigt, der Draht mit Schleifenband kaschiert. – Die Verteilung der Eier ergab sich aus den Astansätzen der Hölzer. In die Vertiefungen der Äste drückten wir kleine Kugeln von Bandkneti. Darauf kamen die Eier. Zusätzlich wurde noch etwas Bandkneti zwischen das stehende Ei und das Schwemmholz gegeben. Unter das Hasenrad wurde ebenfalls eine etwas dickere Rolle Kneti gedrückt, in die wir kurz gedrahtete blaue Staticen steckten. Das Sonnenrad, das mit Schleifenband angebunden und verziert wurde, setzt einen weiteren Akzent.

Eiern mit Kneti Halt geben

An den Enden der Äste befestigten wir Buchsbaum, Zweige der Hängebirke und Efeuranken. Über den Bindedraht knoteten wir unterschiedlich breite einfarbige und karierte Bänder und formten Schleifen daraus.

Das endgültige Bild solch eines Gebindes kann man nie im voraus bestimmen. Es richtet sich nach der Beschaffenheit und den Verästelungen des Holzes. Die schweren Salzteig-Gebilde sollte man möglichst an starken Astteilen oder Verzweigungen befestigen. Gut ist es, wenn die Haltedrähte und Ösen oder Hohlstellen mit eingebacken sind. Durch letztere zieht man Drähte, die zusammengedreht und kurz abgeschnitten werden.

Je öfter Sie selbst Schwemmhölzer und Wurzeln mit Salzteig-Gebilden, Ostereiern, Buchsbaum und anderen Pflanzenteilen zu einer Einheit gestaltet haben, um so mehr drängt es Sie danach, neue Formen zu erproben.

Lackeier mit verschiedenen Mustern

Bemalte Lackeier sind sehr schnell hergestellt. Sie lassen sich in die unterschiedlichsten Gestecke, Sträuße und Gebinde einarbeiten. Schon einfarbige Lackeier sehen sehr schön aus; mit ein paar weiteren Pinselstrichen erhalten wir wirkungsvolle Muster. Ich wähle meistens leuchtende Farben: Gelb, Rot oder Blau, manchmal auch ein Altrosa, das man aus Braunrot und Weiß mischt. Die Farben sind in Malerfachgeschäften zu haben, wo sie in verschieden großen Töpfchen und in einer großen Farbpalette angeboten werden und dabei doch recht preisgünstig sind.
Nachdem die Eier mit Spülzusatz gereinigt wurden, werden sie getrocknet und anschließend bemalt. Ein Farbauftrag genügt vollkommen, denn die Lacke sind stark deckend. Ehe allerdings die Muster mit weißer Lackfarbe aufgetragen werden können, muß die Grundfarbe einen Tag lang trocknen. Die Schleifchen werden mit einem dünnen Pinsel gemalt. Für die Herzen wird ein dicker Pinsel zweimal auf das Ei gedrückt. Die Ranken und Girlanden werden frei gestaltet. Nach der Arbeit müssen die Pinsel sofort in Pinselreiniger gründlich gesäubert werden, da sie sonst kaum wieder zu gebrauchen sind.

Die Grundfarbe der Lackeier

Auftragen der Muster

Habe ich die Eier mit weißen Mustern bemalt, so ziehe ich anschließend schmales weißes Schleifenband hindurch (vgl. Seite 35); bei bunter Bemalung werden passende Schleifen ausgesucht.

Eier-Wandgebinde

Sowohl als Raumschmuck als auch als kleine Präsente in der Osterzeit scheinen mir Eier-Wandgebinde besonders gut geeignet zu sein. Sie können aus sehr unterschiedlichen Materialien hergestellt werden. Kurze Buchsbaumtriebe, Birken mit Kätzchenansätzen, Blaubeerzweige und einige Weidenkätzchen sind vorrangig zu empfehlen. Sie sollten sich für eine, höchstens für zwei Materialarten entscheiden. So sieht z. B. Buchsbaum mit einigen Birken- oder Weidenzweigen sehr schön aus. Zuviele Materialien lassen das Gebinde leicht unruhig und überladen erscheinen.
Wandgebinde können mit den unterschiedlichsten Eiern geschmückt werden: mit Eiern in dezenten Naturfarbtönen ebenso wie mit leuchtend bunten einfarbigen oder mehrfarbigen. Am besten eignen sich Wachtel-, Tauben- oder Zwerghuhneier.
Für unsere Gebinde wurden die Eier mit roter Lackfarbe bemalt, nach dem Trocknen einzeln auf einen Draht gezogen und gleich mit in das Gebinde eingearbeitet. Passend zum Farbton der Eier wurde die Schleife ausgesucht und am unteren Ende des Gebindes befestigt. An der Rückseite wurde ein kurzer Draht zu einer Öse gedreht, die als Aufhänger für das Wandgebinde dient. Entsprechend diesem Beispiel gibt es viele Variationsmöglichkeiten; der eigenen Phantasie sind Tür und Tor geöffnet.

Lackeier, Buchsbaum, Strohhalme und ein Schleifentuff ergeben diese Wanddekoration.

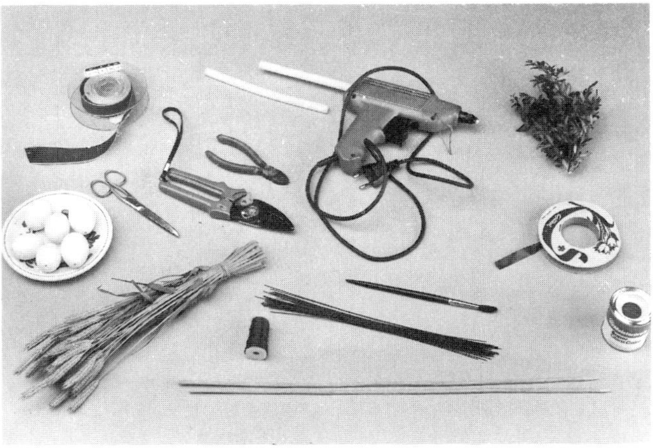

Materialien für das Eier-Wandgebinde: zwei 40 cm lange, dünne Rundstäbe, getrocknete Getreidehalme, Wickeldraht, Steckdraht, Klebeband, Buchsbaum, je eine Papier-, Garten- und Drahtschere, Klebepistole mit Klebestäben, ausgeblasene Eier, Lackfarbe, Pinsel und Schleifenband.

Drahten von Buchsbaumsträußchen: Man legt vier etwa 6 bis 7 cm lange Zweige zusammen, deren untere Blätter entfernt werden. Das obere Ende des Steckdrahtes (ca. 3 bis 4 cm) wird – nach unten gerichtet – an das entblätterte Ende der Buchsbaumzweige gelegt. Zweige und Drahtende werden mit dem übrigen Draht mehrmals umwickelt.

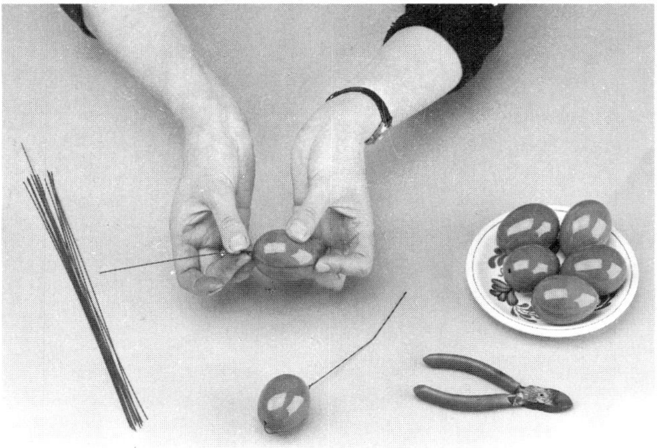

Ein 30 cm langer Steckdraht wird vom breiteren zum schmaleren Pol durch ein Lackei gezogen, so daß oben 10 bis 11 cm herausragen. Diesen Teil des Drahtes biegen Sie um und legen ihn am Ei entlang nach unten. Unmittelbar unter dem Ei wird er in engen Windungen um das lange Drahtende gewickelt.

Umwickeln Sie die beiden Rundstäbe mit dünnem Bindedraht und Klebeband. Darauf drehen Sie abwechselnd die Drahtenden der vorbereiteten Buchsbaumsträußchen und Eier.

Ein Büschel 20 bis 25 cm langer Getreidehalme wird an einem Ende fest mit Draht umwickelt, an den Rundstäben befestigt und die Bindestelle noch zusätzlich mit der Klebepistole überklebt.

Die Klebestelle wird mit zwei gedrahteten Schleifentuffs (vgl. Seite 63) verdeckt.

Österlicher Raumschmuck

Eier- und Kranzformen spielen im österlichen Schmuck eine besondere Rolle. Wir begegnen ihnen in sehr unterschiedlichen Variationen. Immer aber werden Naturmaterialien verarbeitet, die uns das Frühjahr bietet. Von der Weiden- und Haselrute bis zu den Birken- und Buchsbaumzweigen wird alles, was sich gut verarbeiten läßt und was sich über einen längeren Zeitraum hält, in die Gestaltung mit eingebracht.
Läßt man sonst fast immer nur die Pflanzen selbst und ihre Fruchtstände wirken, so wird man in der Osterzeit wohl nie auf das Ei als gestalterisches Element verzichten. Oft tritt es schlicht und einzeln auf, meistens aber zu mehreren, durch Farbgebung und Beiwerk noch besonders hervorgehoben.
Die verzierten Kranz- und Eierformen können den Eingangs- und den Wohnbereich des Hauses schmücken. Für unsere alte Haustür wählten wir einen Kranz aus Birkenzweigen. Wir suchten dafür durchhängende Birkentriebe mit kleinen Kätzchenansätzen. Geschmückt wurde er mit Eiern, die in Zwiebelsud in unterschiedlichen Farbnuancen gefärbt wurden.
Als Unterlage für die Birkenzweige diente eine Haselrute (vgl. Seite 54). Die Naturtöne dieses Kranzes werden durch Schleifen in gedämpften Farben harmonisch ergänzt.

Ton in Ton der Birkenkranz mit Schleifen und einer Eiertraube

Für den Birkenkranz von Seite 53 benötigen Sie eine gerade, unverzweigte Haselrute, kurze Birkenzweige mit Kätzchenansätzen, Wickel- und Steckdraht, Schleifenbänder, dünnes Velvetband, ausgeblasene Eier, Zwiebelschalen, Holzperlen und als Arbeitsgeräte Küchenmesser, Papier-, Garten- und Drahtschere.

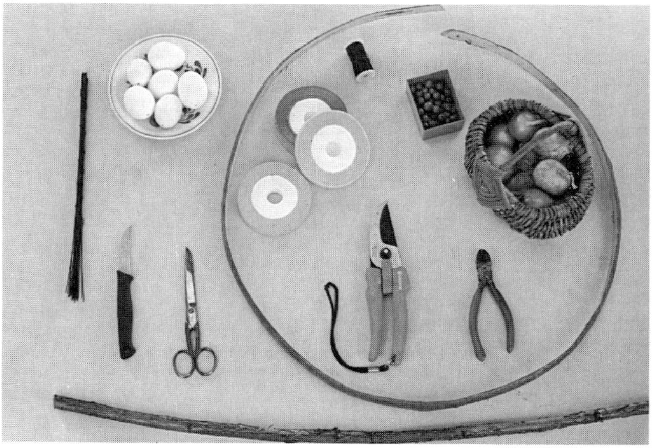

Die mit einem Küchenmesser gespaltene Haselrute wird zu einem Kranz geformt; die Enden werden mit Draht zusammengebunden. Diese Holzunterlage umkleiden Sie grob mit kurzgeschnittenen Birkenzweigen, so daß ein möglichst gleichmäßiger Ring entsteht.

Auf diese Unterlage wickeln Sie (nur auf einer Seite) möglichst gleichmäßig kleine Sträuße aus Birkenzweigen. Wo sich der Kreis schließt, wird später ein Schleifentuff den an dieser Stelle sichtbaren Draht verdecken.

Damit man die Eiertraube am Birkenkranz (Seite 53) aufhängen kann, zieht man mit einem Steckdraht, dessen Ende (etwa 2 cm) zu einem eng anliegenden Haken umgebogen wird, ein Velvetband vom breiteren zum schmaleren Eipol. Am oberen und unteren Fadenende wird je eine Perle aufgezogen; das untere Ende wird verknotet.

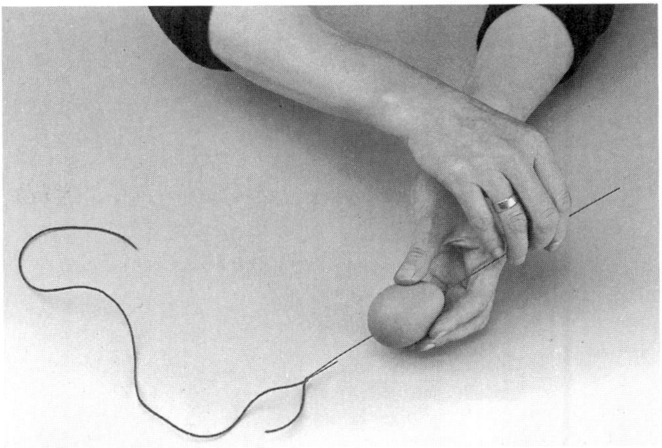

Die auf Velvetband aufgezogenen Eier sollen eine Traube bilden. Deshalb ordnet man die Bänder in unterschiedlichen Längen an und verbindet sie oben mit einem Knoten.
Die überhängenden Enden werden abgeschnitten.

Einen Steckdraht führt man unterhalb des Knotens durch die Velvetbänder und durch die Birkenzweige im unteren Teil des Kranzes. Die beiden Drahtenden werden eng miteinander verdreht und die überstehenden Enden gekürzt.

Dieser Buchsbaumkranz ist mit Lackeiern und Schleifen ganz in Grün-Blau-Tönen gehalten.

Osterdekoration aus Blaubeerzweigen und Wachteleiern (Anleitung Seite 58/59)

Gebinde aus Blaubeerzweigen und Wachteleiern

Für das Eiergebinde auf Seite 57 brauchen Sie Blaubeerzweige und Wachteleier. Die Zweige schneiden Sie am besten kurze Zeit vor dem Binden. Besonders geeignet sind Triebe, die vom Wild verbissen und daher an ihren Enden verzweigt sind. An vielen Waldwegen können Sie die immergrünen Blaubeertriebe finden.

Wachteleier von Farmen können Sie auf Märkten oder in Delikatessgeschäften kaufen. Da sie in ihrer Musterung sehr unterschiedlich sind, suche ich sie recht gründlich aus und lege mir einen kleinen Vorrat an ausgeblasenen Eiern an. Für unsere Zwecke am besten geeignet sind Eier mit besonders intensiver Musterung.

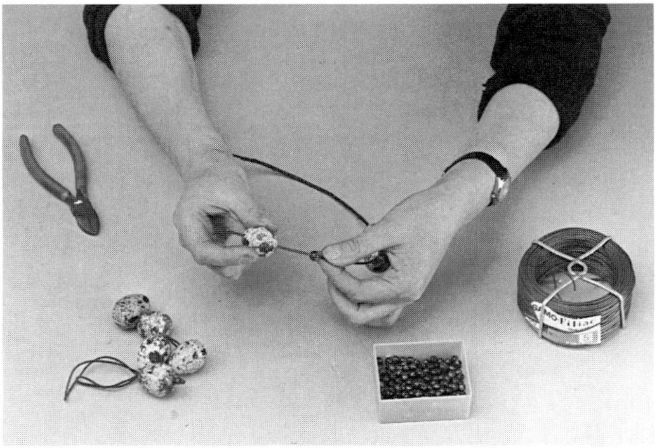

Auf einen 45 cm langen und 1,2 mm dicken, ummantelten Bindedraht werden im Wechsel vier Holzperlen und drei ausgeblasene Wachteleier aufgezogen und zur Mitte geschoben. Die beiden freien Drahtenden werden mit Klebeband umwickelt. Vorsicht! Die Wachteleier sind sehr zerbrechlich.

Der Draht wird mit kurzen Blaubeertrieben einseitig umwickelt. Beginnen Sie bei den aufgezogenen Eiern und wickeln Sie zu den Enden hin.

Bevor die Drahtenden erreicht sind, biegen Sie den Draht zu einem eiförmigen Gebilde. Die Enden werden mit dünnem Wickeldraht zusammengebunden.

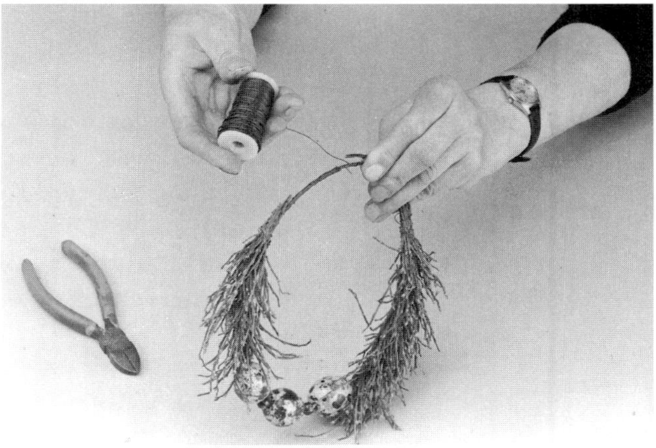

Zwei aufgefädelte Eier (vgl. Seite 55) werden in das fertig gewickelte Ostergebinde eingehängt.

Das Ostergebinde wird an mehreren Bändern aufgehängt. Dafür werden diese doppelt gelegt. Die dabei entstehende Schlaufe führen Sie unter dem Gebinde durch und ziehen von oben her die Enden der Schleifenbänder durch.

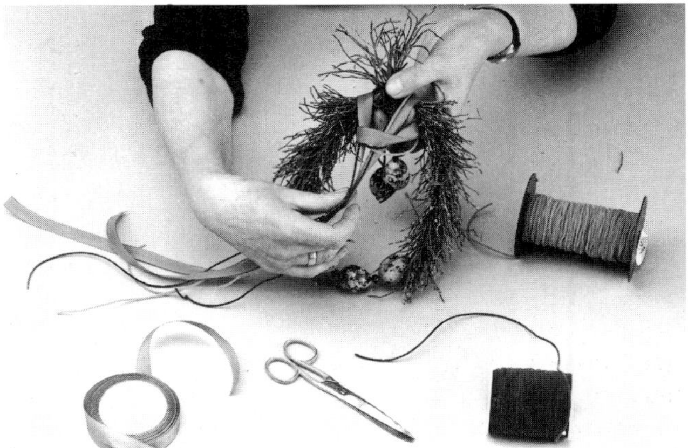

Weidenruten zu einer Ei-Form biegen

Für das Weidenkätzchen-Ei (vgl. Seite 61) brauchen Sie mehrere Weidenruten, die gar nicht oder nur wenig verzweigt sind. Sie sollen einen guten Kätzchenansatz haben und nicht zu dick sein. Vier bis sechs Ruten schneiden Sie in der gewünschten Länge zu (immer nur halbe Länge), schieben die Schnittkanten von je zwei oder drei übereinander und umwickeln sie mit dünnem Bindedraht. Auf die drahtumwickelte Verbindungsstelle wird später der Hartmoosiblock gesetzt.

Dann kreuzen Sie die Zweige am anderen, d. h. am oberen Ende so, daß die kätzchentragenden Triebe einige Zentimeter überstehen, und umwickeln sie an der Kreuzungsstelle mit Draht. Ebenfalls mit Bindedraht wird der Moosiblock auf den Zweigen befestigt. Anschließend wird er mit flachem Moos abgedeckt, das mit Strohblumenhaften an den Moosiblock gebunden wird. In ihn stecken Sie kurze Buchsbaumtriebe, deren untere Blättchen vorher entfernt werden. Dazwischen wirken durchaus auch noch einzelne Kätzchentriebe.

Zu diesen Naturmaterialien passen gut mit Naturfarben gefärbte Eier. Sie können aber auch Lackeier oder andere Schmuckeier verwenden. Für das Gesteck färben Sie die Eier mit Zwiebelschalensud, umwickeln Schaschlikstäbchen mit braunem Klebeband und ziehen die ausgeblasenen Eier darüber. Damit die Eier nicht abrutschen, umwickeln Sie die Stäbe unterhalb der Eier mit einem Bändchen. Schließlich setzen Sie eine Holzperle auf die Spitze der Stäbe.

Durch Schleifen und Schleifentuffs erhalten die österlichen Gestecke oft ihren letzten Schliff. Mit Hilfe von Schleifen können Drähte und unschöne Stellen verdeckt werden.

Beim Kauf sollte man auf die Qualität und die Beschaffenheit der Schleifenbänder achten. Billige Schleifen zeigen oft einen etwas aufdringlichen Glanz. Keineswegs alle Schleifen lassen sich ringeln. Es empfiehlt sich, dies beim Kauf auszuprobieren. Ich suche daher oft lange, bis ich die gewünschten Farben, Breiten und Qualitäten gefunden habe.

Weidenruten wurden zu einer Ei-Form gebogen.

Je drei ungefähr 60 cm lange Weidenruten werden zu Ei-Hälften gebogen. Die beiden Hälften werden an den Schnittstellen mit Bindedraht zusammengebunden, ebenso etwa 20 cm unterhalb der kätzchentragenden Spitzen.

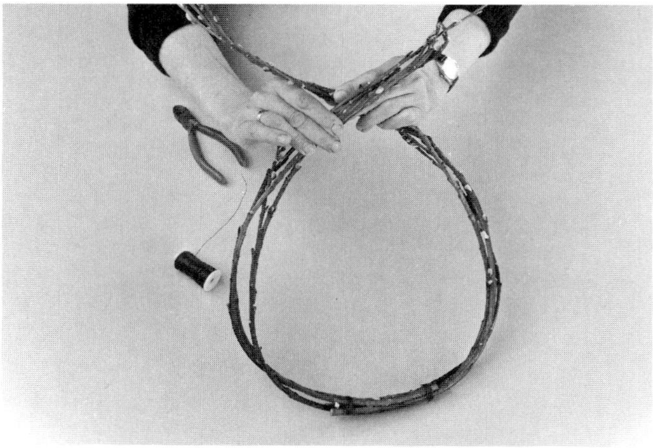

Wo die Weidenruten unten zusammengebunden sind, wird etwas Bandkneti auf die Ruten gegeben, ein kleiner Hartmoosiblock daraufgesetzt und mit Wickeldraht festgebunden.

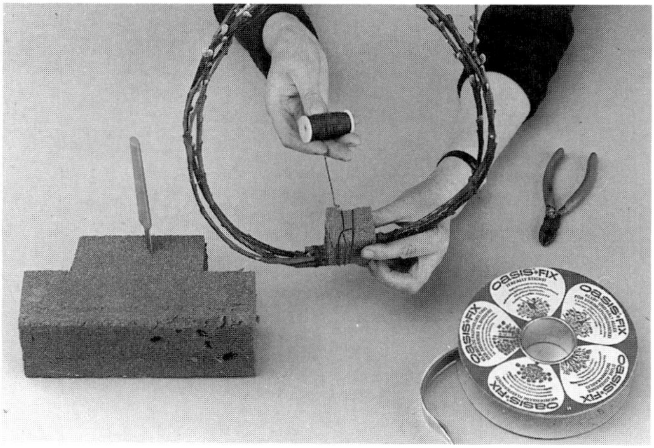

Auf kurze, mit Klebeband umwickelte Rundhölzer setzt man ein ausgeblasenes Ei, dessen oberes Loch mit einer aufgeklebten Perle verdeckt wird. Damit das Stockei nicht verrutscht, verknotet man ein Stück Velvetband gleich unterhalb des Eies und schneidet die Enden kurz ab.

Der Moosiblock wird mit einem Stückchen flach wachsendem Moos überdeckt, das mit Strohblumenhaften festgesteckt wird. In den Block drückt man Buchsbaumzweige, deren untere Blättchen zuvor entfernt wurden, ebenso die Stockeier.

Und zum Schluß: der unentbehrliche Schleifentuff! Zwei ca. 80 bis 100 cm lange Schleifenbänder werden so gelegt, daß die entstehenden Schlaufen in der Mitte genau aufeinanderliegen und die Enden nach unten durchhängen. Die Schleifenbänder können durchaus unterschiedliche Farben und Breiten haben.

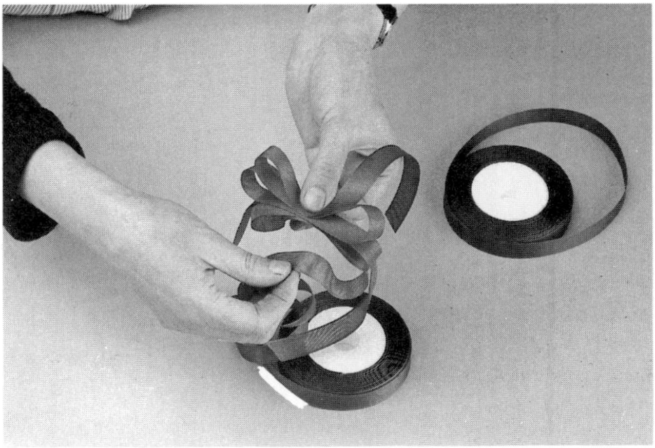

Ein Steckdraht wird an einem Ende zu einem Haken umgebogen, der über die aufeinanderliegenden Flächen der Schleifen gezogen wird. Dann wird der Drahthaken mit einer Zange eng zusammengedreht.

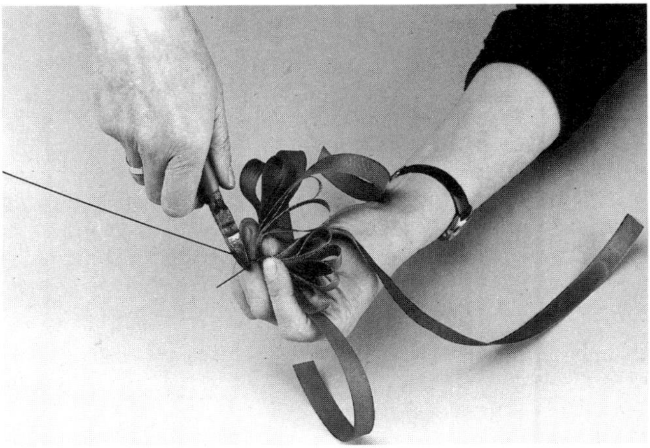

Schon mit wenigen Handgriffen lassen sich Wohnung und Haus frühlingshaft-österlich verzaubern.

Ursula Stichmann-Marny
Dekorativer Osterschmuck
64 Seiten mit 23 farbigen Abbildungen, 11 s/w Illustrationen und 35 s/w Fotos von Klaus Stoll und Norbert Zapler.
Format 15 x 20,5 cm, Broschur.
ISBN 3-473-**45681**-0

Bemalte Eier, etwas Buchsbaum und frisch geschnittene Zweige sind zusammen mit buntem Schleifenband die wichtigsten Ausgangsmaterialien für ganz einfach herzustellenden und sehr dekorativen Osterschmuck.

Moderne Palmstöcke, Kronen mit bunten Eiern, Dekorationen aus Buchsbaum und Salzteig, Stockeier, Eiergirlanden, österliche Gestecke, Birkengebinde und das dekorative Anordnen der bemalten Eier werden nachvollziehbar und leicht verständlich vorgestellt.

Ravensburger Buchverlag Otto Maier GmbH, 7980 Ravensburg

Von Ravensburger® gibt es: Spiele, Kinder- und Jugendbücher, Puzzles, Hobby- und Malprogramme, Sachbücher und Videoprogramme.

®

Ravensburger